Impressum
Verlag: BABADADA GmbH, Nedderfeld 112 , 22529 Hamburg
Geschäftsführer / Verlagsleitung: Harald Hof
Druck: Books on Demand GmbH, In de Tarpen 42, 22848 Norderstedt

Imprint
Publisher: BABADADA GmbH, Nedderfeld 112 , 22529 Hamburg, Germany
Managing Director / Publishing direction: Harald Hof
Print: Books on Demand GmbH, In de Tarpen 42, 22848 Norderstedt, Germany

AF194748

škola
مدرسه

učiona
کلاس درس
deliti
تقسیم کردن
186/2
ploča
تخته
školsko dvorište
nastavnik
معلم
papir
کاغذ
pisati
نوشتن
hemijska olovka
خودکار
pisaći stol
میز تحریر
lenjir
خط کش
knjiga
کتاب
učenik
دانش آموز

torba
کیف مدرسه

pernica
جامدادی

grafitna olovka
مداد

šiljilo za olovke
تراش

gumica za brisanje
پاک کن

blok za crtanje
دفتر رسم

crtež

طراحی

kist

قلم مو

kutija sa bojama

جعبه ی آبرنگ

makaze

قیچی

lepilo

چسب

beležnica

کتاب تمرین

domaći zadatak

تکلیف خانه

12

broj

رقم

2+2

sabirati

جمع کردن

5-2

oduzimati

تفریق کردن

2×2

množiti

ضرب کردن

računati

محاسبه کردن

A

slovo

حرف الفبا

ABCDEFG
HIJKLMN
OPQRSTU
VWXYZ

abeceda

الفبا

hello

reč

کلمه

tekst

متن

čitati

خواندن

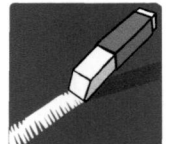

kreda

گچ

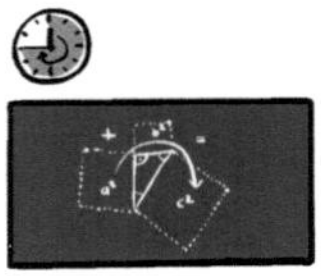

čas

درس

dnevnik

ثبت نام

ispit

امتحان

svedočanstvo

مدرک رسمی

školska uniforma

لباس مدرسه

obrazovanje

تحصیلات

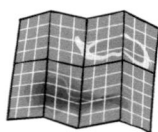

leksikon

دانشنامه

univerzitet

دانشگاه

mikroskop

میکروسکوپ

karta

نقشه

košara za papir

سبد کاغذ باطله

hotel
هتل

prenoćište
مسافرخانه

ROOMS

menjačnica
صرافی

EXCHANGE

kofer
چمدان

auto
اتومبیل

Grand

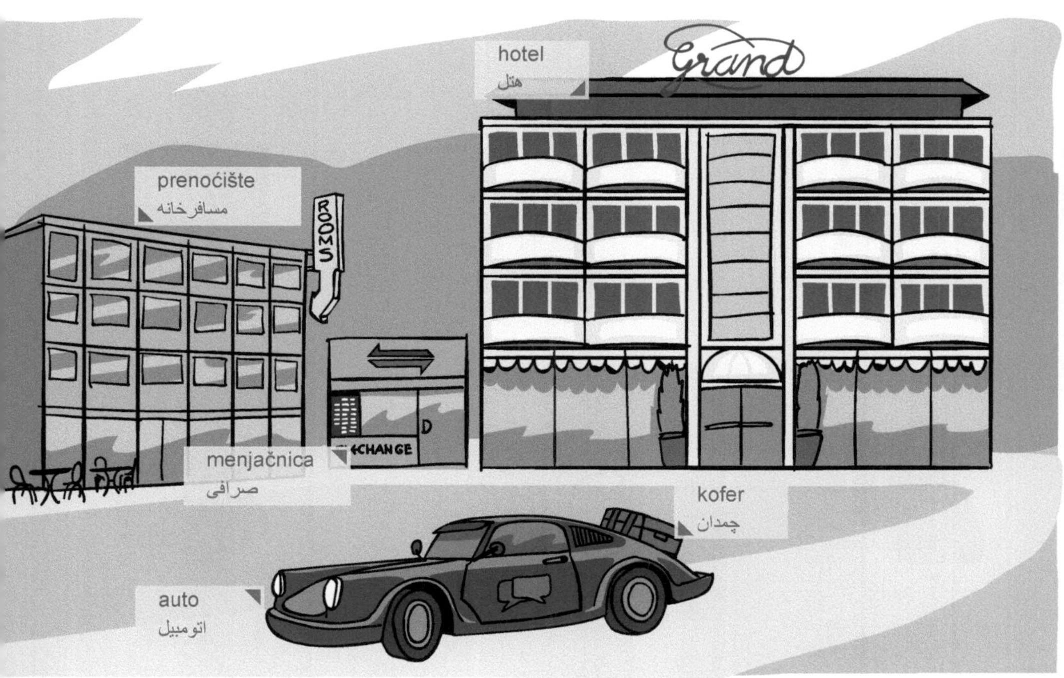

jezik
زبان

da / ne
بله / خیر

okej
اکی

zdravo
سلام

prevodilac
مترجم

hvala
ممنون

Koliko košta...?

قیمت ... چه قدر است؟

ne razumem

من متوجه نمی شوم

problem

مشکل

dobro veče!

عصر بخیر! / شب بخیر!

Dobro jutro!

صبح بخیر!

Laku noć!

شب بخیر!

doviđenja

خدانگهدار

smer

جهت

prtljaga

بار سفر

torba

کیف

ruksak

کوله پشتی

gost

مهمان

soba

اتاق

vreća za spavanje

کیسه خواب

šator

خیمه

turističke informacije

مرکز راهنمای گردشگران

plaža

ساحل

kreditna kartica

کارت اعتباری

doručak

صبحانه

ručak

نهار

večera

شام

karta za vožnju

بلیط

lift

آسانسور

poštanska markica

مهر

granica

مرز

carina

گمرک

ambasada

سفارتخانه

viza

ویزا

pasoš

گذرنامه

transport
حمل و نقل

avion
هواپیما
brod
کشتی
vatrogasno vozilo
ماشین آتش نشانی
autobus
اتوبوس
teretno vozilo
کامیون
motorni čamac
قایق موتوری
bicikl
دوچرخه
auto
اتومبیل

trajekt

کشتی مسافربری

čamac

قایق

motocikl

موتورسیکلت

policijski auto

ماشین پلیس

trkaći auto

ماشین مسابقه

iznajmljeno auto

ماشین کرایه ای

delenje automobila

به اشتراک گذاری اتوموبیل

vučno vozilo

جرثقیل

vozilo za odvoz smeća

ماشین حمل زباله

motor

موتور

benzin

بنزین

benzinska stanica

پمپ بنزین

saobraćajni znak

تابلو راهنمایی و رانندگی

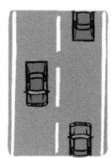

saobraćaj

عبور و مرور

zastoj

ترافیک

parkiralište

پارکینگ

železnička stanica

ایستگاه قطار

šine

ریل راه آهن

voz

قطار

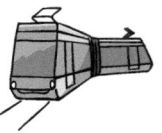

tramvaj

قطار برقی

vagon

واگن

helikopter

هليكوپتر

aerodrom

فرودگاه

kula

برج

putnik

مسافر

kontejner

كانتينر

karton

كارتن

kolica

گاری

korpa

سبد

uzleteti / sleteti

به پرواز درآمدن / فرود آمدن

grad

شهر

selo

دهکده

centar grada

مرکز شهر

kuća

خانه

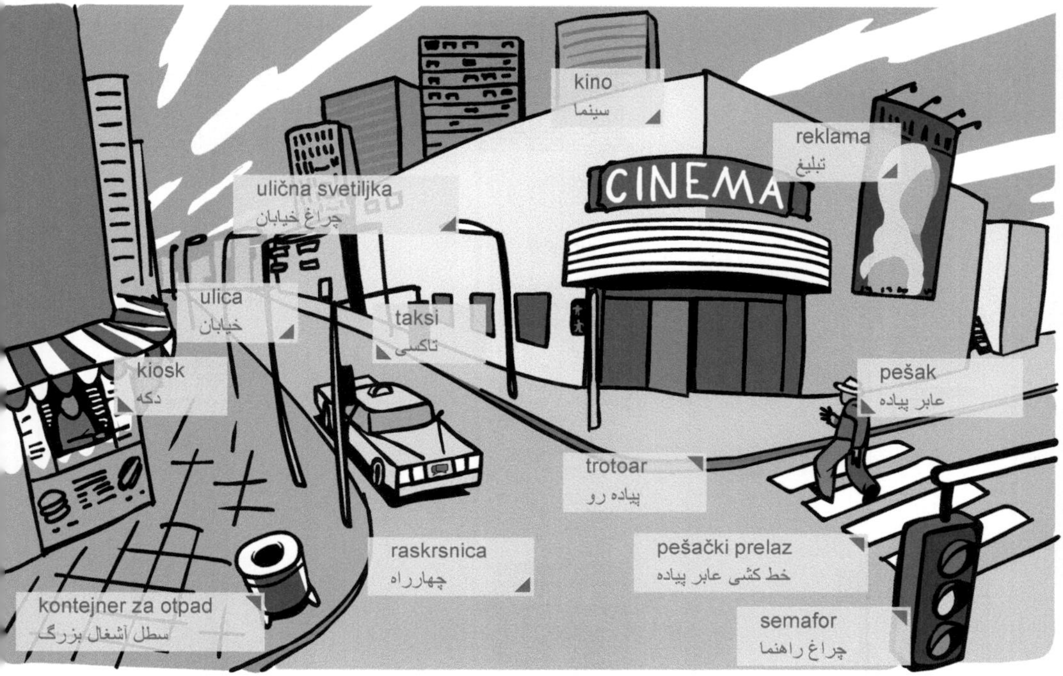

kino سینما

reklama تبلیغ

ulična svetiljka چراغ خیابان

ulica خیابان

taksi تاکسی

kiosk دکه

pešak عابر پیاده

trotoar پیاده رو

raskrsnica چهارراه

pešački prelaz خط کشی عابر پیاده

kontejner za otpad سطل آشغال بزرگ

semafor چراغ راهنما

koliba
کلبه

stan
آپارتمان

železnička stanica
ایستگاه قطار

većnica
ساختمان شهرداری

muzej
موزه

škola
مدرسه

univerzitet

دانشگاه

banka

بانک

bolnica

بیمارستان

hotel

هتل

apoteka

داروخانه

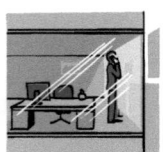

kancelarija

اداره

knjižara

کتابفروشی

prodavnica

مغازه

cvećara

گل فروشی

supermarket

سوپرمارکت

trg

بازار

robna kuća

فروشگاه بزرگ

ribarnica

ماهی فروش

trgovački centar

مرکز خرید

luka

بندر

park

پارک

klupa

نیمکت

most

پل

stepenice

پله

podzemna železnica

مترو

tunel

تونل

autobuska stanica

ایستگاه اتوبوس

bar

میخانه

restoran

رستوران

poštansko sanduče

صندوق پست

ulični znak

تابلوی خیابان

parkirni automat

دستگاه پارکومتر

zoološki vrt

باغ وحش

bazen

استخر شنای عمومی

džamija

مسجد

grad - شهر

seosko gazdinstvo

مزرعه

zagađenje okoline

آلودگی محیط زیست

groblje

قبرستان

crkva

کلیسا

igralište

زمین بازی

hram

معبد

pejsaž

چشم انداز

list
برگ

putokaz
تابلوی راهنمای مسیر

put
راه

livada
چمنزار

kamen
سنگ

šetač
راه نورد

drvo
درخت

reka
رودخانه

trava
چمن

cvijet
گل

dolina

دره

planina

تپه

jezero

دریاچه

šuma

جنگل

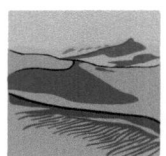

pustinja

بیابان

vulkan

کوه آتشفشان

dvorac

قلعه

duga

رنگین کمان

gljiva

قارچ

palma

درخت نخل

moskito

پشه

muva

مگس

mrav

مورچه

pčela

زنبور

pauk

عنکبوت

buba

سوسک

žaba

قورباغه

veverica

سنجاب

jež

جوجه تیغی

zec

خرگوش صحرایی

sova

جغد

ptica

پرنده

labud

قو

divlja svinja

گراز

jelen

گوزن نر

los

گوزن شمالی

nasip

سد آب

vetrenjača

توربین بادی

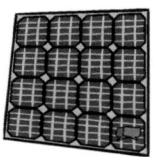

solarna ploča

صفحه ی خورشیدی

klima

آب و هوا

restoran

رستوران

jelovnik
منوی غذا
stolica
صندلی
supa
سوپ
pica
پیتزا
pribor za jelo
سرویس کارد و قاشق و چنگال
stolnjak
رومیزی

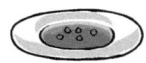

predjelo

پیش‌غذا

glavno jelo

غذای اصلی

desert

دسر

napitci

نوشیدنی ها

jelo

غذا

flaša

بطری

brza hrana

فست فود

imbis hrana

اغذیه خیابانی

čajnik

قوری

doza za šećer

قندان

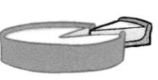

porcija

پُرس غذا

aparat za espresso

دستگاه اسپرسو

visoka stolica

صندلی پایه بلند غذاخوری بچه

račun

صورتحساب

poslužavnik

سینی

nož

چاقو

viljuška

چنگال

kašika

قاشق

čajna kašika

قاشق چایخوری

salveta

دستمال سفره

čaša

لیوان

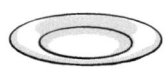

tanjir

بشقاب

tanjir za supu

بشقاب سوپخوری

tanjirić

نعلبکی

sos

سس

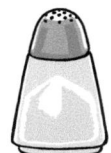

soljenka

نمکدان

mlin za biber

فلفل ساب

sirće

سرکه

ulje

روغن خوراکی

začini

ادویه جات

kečap

سس کچاپ

senf

سس خردل

majoneza

سس مایونز

supermarket
سوپرمارکت

ponuda
پیشنهاد ویژه
kupac
مشتری
mlečni proizvodi
لبنیات
voće
میوه جات
kolica za kupovinu
چرخ دستی خرید

mesnica
قصابی

pekara
نانوایی

vagati
وزن کردن

povrće
سبزیجات

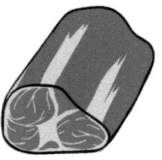

meso
گوشت

smrznuta hrana
غذای منجمد

narezak

مخلوطی از انواع کالباس یا پنیر که
ورقه ای بریده شده باشند

konzerve

غذای کنسروی

sredstvo za pranje

پودر لباسشویی

slatkiši

شیرینی جات

artikli za domaćinstvo

لوازم خانگی

sredstva za čišćenje

ماده شوینده و پاک کننده

prodavačica

فروشنده

blagajna

صندوق پرداخت

blagajnik

صندوقدار

lista za kupovinu

لیست خرید

vreme rada

ساعات کار

novčanik

کیف پول

kreditna kartica

کارت اعتباری

torba

کیف

plastična kesa

کیسه ی پلاستیکی

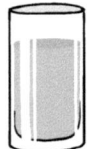

napitci
نوشیدنی ها

voda

آب

sok

آبمیوه

mleko

شیر

kola

نوشابه کوکاکولا

vino

شراب

pivo

آبجو

alkohol

الکل

kakao

کاکائو

čaj

چای

kava

قهوه

espresso

قهوه اسپرسو

cappuccino

کاپوچینو

banana

موز

jabuka

سیب

narandža

پرتقال

lubenica

انواع هندوانه و خربزه

limun

لیمو

šargarepa

هویج

beli luk

سیر

bambus

نی بامبو

luk

پیاز

gljiva

قارچ

orašasti plodovi

آجیل

rezanci

ماکارونی

špagete

اسپاگتى

riža

برنج

salata

سالاد

pomfrit

سيب زمينى سرخ كرده

pečeni krumpir

سيب زمينى سرخ شده

pica

پيتزا

hamburger

همبرگر

sendvič

ساندويچ

šnicla

شنيتسل

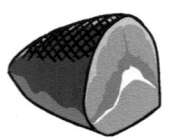

šunka

ژامبون خوک

salama

سالامى

kobasica

سوسيس

kokoš

مرغ

pečenje

نوعى گوشت سرخ شده

riba

ماهى

zobene pahuljice

جوی پرک شده

musli

نوعی صبحانه مخلوطی از برگه ذرت و
میوه های خشک شده و خشکبار که
معمولا با شیر خورده می شود

kukuruzne pahuljice

کورن‌فلکس

brašno

آرد

kroasan

کرواسان

pecivo

نان بروتشن

hleb

نان

toast

نان تست

keksi

بیسکویت

maslac

کره

sveži sir

کشک

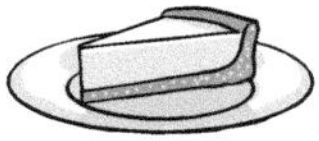

kolač

کیک

jaje

تخم مرغ

jaje na oko

تخم مرغ نیمرو

sir

پنیر

sladoled

بستنی

šećer

شکر

med

عسل

marmelada

مربا

nugat krema

کرم شکلاتی بادامی

kari

ادویه کاری

seosko gazdinstvo

مزرعه

ambar
انبار غله
bale sena
خرمن گاه
polje
مزرعه
konj
اسب
prikolica
ماشین یدک کش
traktor
تراکتور
ždrebe
کره اسب
magarac
خر
ovca
گوسفند
lane
بره

koza

بز

krava

گاو ماده

tele

گوساله

svinja

خوک

prase

بچه خوک

bik

گاو نر

guska

غاز

patka

اردک

pilići

جوجه

kokoš

مرغ

petao

خروس

pacov

موش صحرایی

mačka

گربه

miš

موش

vol

گاو نر اخته

pas

سگ

kućica za psa

لانه ی سگ

vrtno crevo

شلنگ باغبانی

kanta za polivanje

آبپاش

kosa

داس دسته بلند

plug

گاوآهن

srp

داس

motika

کج بیل

viljuška za đubrivo

چنگک باغبانی

sekira

تبر

tačke

فرقون

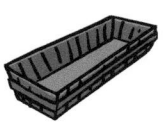

korito

آبشخور

posuda za mleko

بطری نگهداری شیر

vreća

کیسه

ograda

حصار

štala

اصطبل

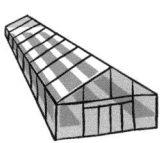

staklenik

گلخانه

zemlja

خاک

seme

بذر

đubrivo

کود

kombajn

ماشین کمباین

žeti

....

برداشت کردن محصول

žetva

....

محصول

jams začin

....

تمیس

pšenica

....

گندم

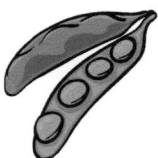

soja

....

سویا

krumpir

....

سیب زمینی

kukuruz

....

ذرت

uljana repica

....

کلزا

voćka

....

درخت میوه

gomolj manioke

....

گیاه مانیوک

žitarice

....

غلات

kuća
خانه

dimnjak
دودکش
krov
پشت بام
žleb
ناودان
prozor
پنجره
garaža
گاراژ
zvono
زنگ در
vrata
در
korpa za otpad
سطل آشغال
poštansko sanduče
صندوق مراسلات
vrt
باغ

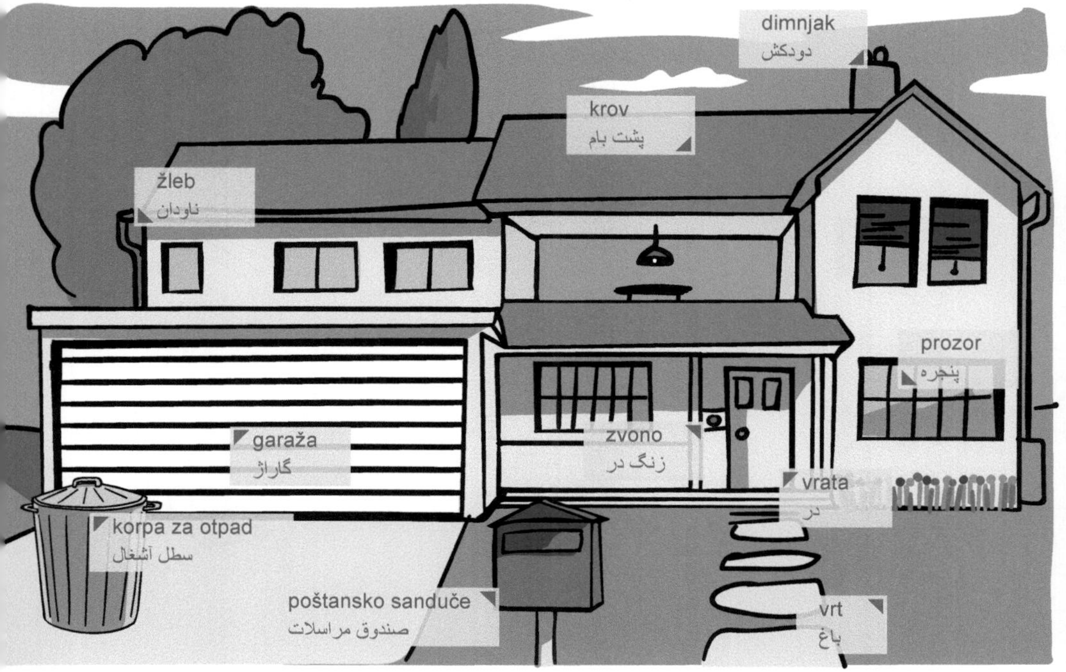

dnevna soba
اتاق نشیمن

kupaonica
حمام

kuhinja
آشپزخانه

spavaća soba
اتاق خواب

dečija soba
اتاق بچه

trpezarija
ناهارخوری

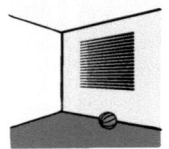

pod

كف زمين

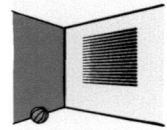

zid

ديوار

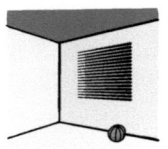

strop

سقف

podrum

زيرزمين

sauna

سونا

balkon

بالكن

terasa

تراس

bazen

استخر

kosilica za travu

ماشین چمن‌زنی

posteljina za krevet

ملافه

deka za krevet

روتختی

krevet

تخت خواب

metla

جارو

kanta

سطل

prekidač

سویچ یا کلید

dnevna soba
اتاق نشیمن

tapeta
کاغذ دیواری
slika
عکس
svetiljka
لامپ
regal
قفسه
ormar
کابینت
televizija
تلویزیون
kamin
شومینه
cvijet
گل
jastuk
کوسن
kauč
کاناپه
vaza
گلدان
daljinski upravljač
کنترل تلویزیون و ویدئو و غیره

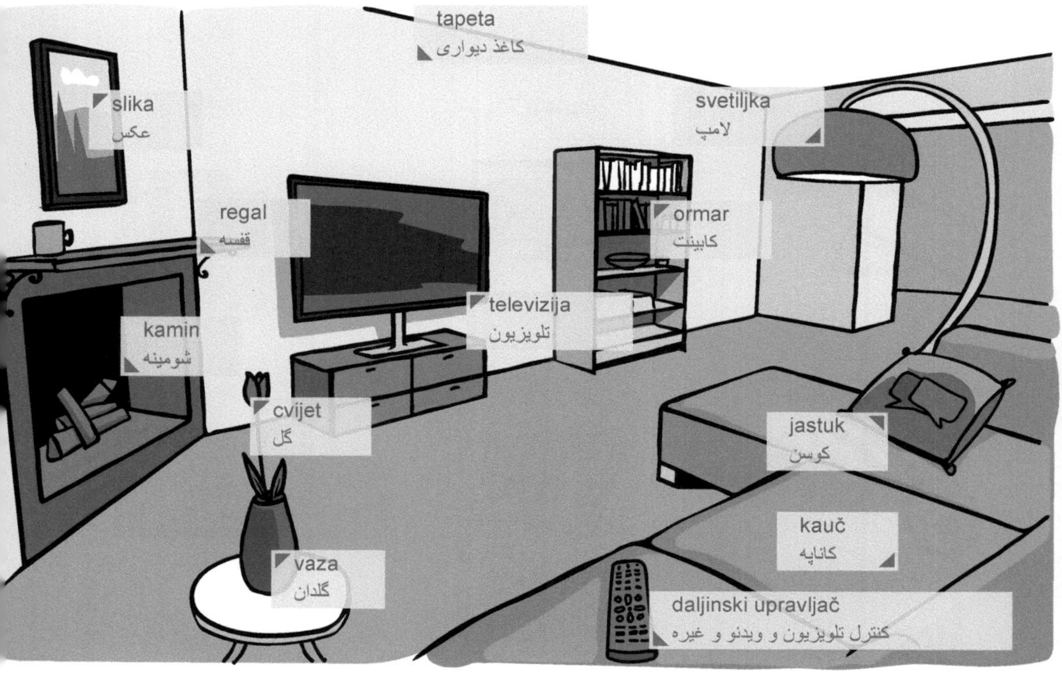

tepih
فرش

zavesa
پرده

sto
میز

stolica
صندلی

stolica za njihanje
صندلی گهواره ایی

fotelja
صندلی راحتی

knjiga

كتاب

deka

لحاف

dekoracija

دکوراسیون

drvo za ogrev

هیزم

film

فیلم

hi-fi uređaj

دستگاه ضبط صوت

ključ

کلید

novine

روزنامه

slika na platnu

تابلو نقاشی

poster

پوستر

radio

رادیو

blok za pisanje

دفترچه یادداشت

usisivač

جاروبرقی

kaktus

کاکتوس

sveća

شمع

kuhinja
آشپزخانه

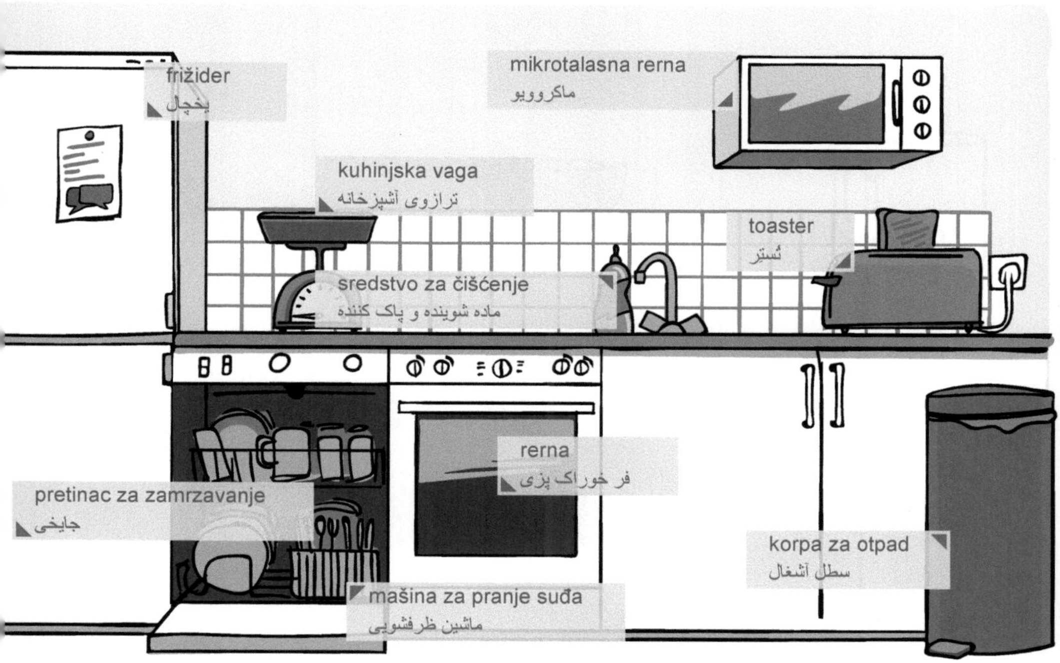

frižider
یخچال
mikrotalasna rerna
ماکروویو
kuhinjska vaga
ترازوی آشپزخانه
toaster
تُستر
sredstvo za čišćenje
ماده شوینده و پاک کننده
rerna
فر خوراک پزی
pretinac za zamrzavanje
جایخی
korpa za otpad
سطل آشغال
mašina za pranje suđa
ماشین ظرفشویی

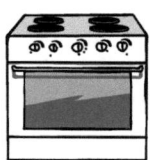

šporet
اجاق گاز

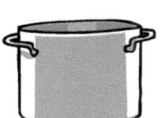

lonac
قابلمه

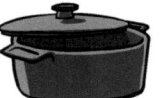

gvozdeni lonac
قابلمه چدنی

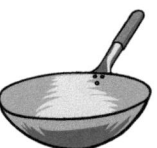

wok / kadai
ماهی تابه گود

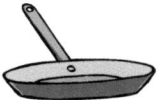

tava
ماهی تابه

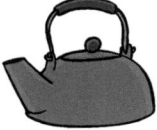

kuvalo za vodu
کتری

kuvalo na paru

بخارپز

lim za pečenje

سینی فر

posuđe

ظرف چینی آشپزخانه

čaša

لیوان

posuda

کاسه

štapići za jelo

چاپستیک

kutlača

ملاقه

lopatica

کفگیر

penjača

همزن

sito za kuvanje

آبکش

sito

آبکش

ribež

رنده

mužar

هاون

roštilj

باربیکیو

ognjište

محل مخصوص افروختن آتش

daska

تخته گوشت و سبزی

oklagija

وردنه

vadičep

در بطری بازکن

konzerva

قوطی

otvarač konzervi

در قوطی بازکن

krpa za lonac

دستگیره پارچه ای

sudoper

سینک ظرفشویی

četka

برس گردگیری

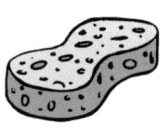

sunđer

اسفنج

mikser

مخلوط کن

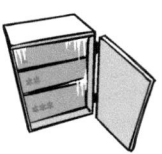

zamrzivač

فریزر

flašica za bebe

شیشه شیر بچه

slavina za vodu

شیر آب

kupaonica

حمام

tuš
دوش
grejanje
بخاری
peškir
حوله
zavesa za tuš
پرده ی حمام
penušava kupka
حمام کف
kada
وان حمام
čaša
لیوان
mašina za pranje veša
ماشین لباسشویی
slavina za vodu
شیر آب
pločice
کاشی
tuta
لگن دستشویی کودکان
sudoper
سینک ظرفشویی

toalet

توالت

čučavac

توالت ایرانی

bidet

کاسه توالت

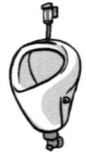

pisoar

توالت مخصوص آقایان

toaletni papir

دستمال توالت

četka za toalet

فرچه توالت

četkica za zube

مسواک

pasta za zube

خمیردندان

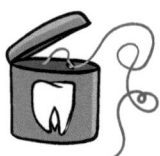

konac za zube

نخ دندان

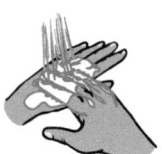

prati

شستن

tuš ručica

دوش آب تلفنی

tuš za pranje intimnih delova

شلنگ توالت

lavor

لگن روشویی

četka za pranje leđa

برس شست و شوی پشت

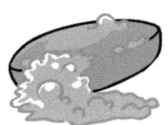

sapun

صابون

gel za tuširanje

شامپو بدن

šampon

شامپو

krpa za pranje

لیف حمام

odvod

راه آب

krema

کرم

dezodorans

اسپری دئودورانت

ogledalo

آیینه

kozmetičko ogledalo

آیینه ی کوچک دستی

brijač

تیغ ریش تراشی

pena za brijanje

کف ریش تراشی

losion za posle brijanja

آفترشیو

češalj

شانه ی سر

četka

برس

fen za kosu

سشوار

sprej za kosu

اسپری مو

makeup

آرایش

ruž za usne

رژلب

lak za nokte

لاک ناخن

vata

پنبه

makaze za nokte

قیچی ناخن

parfem

عطر

kozmetička torbica

کیف لوازم آرایشی و بهداشتی

stolica

چهارپایه

vaga

ترازو

ogrtač

حوله ی پالتویی

rukavice za čišćenje

دستکش ظرفشویی

tampon

تامپون

uložak

نوار بهداشتی

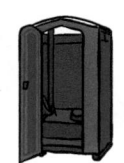

hemijski toalet

توالت سیار

dečija soba

اتاق بچه

budilnik
ساعت زنگدار
plišana igračka
نوعی عروسک نرم به شکل حیوانات
auto igračka
ماشین اسباب بازی
zvečka
جغجغه
kućica za lutke
خانه ی عروسکی
poklon
کادو

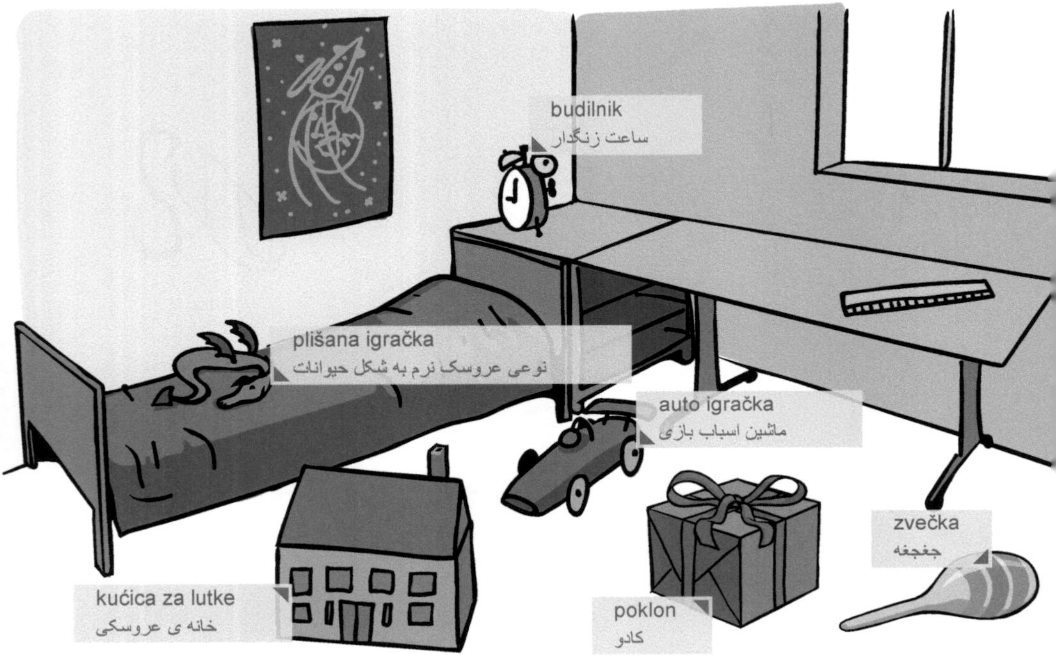

balon

بادکنک

krevet

تخت خواب

dječija kolica

کالسکه بچه

igra s kartama

بازی ورق

slagalica

پازل

strip

داستان مصور

lego kockice

اسباب بازی لگو

kockice za slaganje

خانه سازی

akcioni junak

عروسک شخصیت های فیلم و کارتون

benkica za bebe

لباس نوزاد

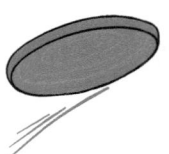

frizbi

فریزبی

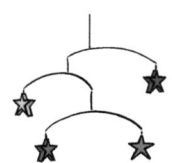

viseće igračke

نوعی اسباب بازی که روی تخت نوزاد
یا کودک نصب می شود

društvene igre

بازی روی صفحه

kocka

تاس

minijaturna željeznica

قطار اسباب بازی

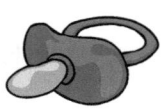

duda

پستانک

zabava

مهمانی

slikovnica

کتاب مصور

lopta

توپ

lutka

عروسک

igrati

بازی کردن

pješčanik

جعبه شنی مخصوص بازی کودکان

ljuljačka

تاب

igračka

اسباب بازی

konzola za igre

کنسول بازی های کامپیوتری

tricikl

سه چرخه

tedi

خرس عروسکی

ormar

کمد لباس

odeća

لباس

kratke čarape

جوراب

čarape

جوراب زنانه ساق بلند

hulahopke

جوراب شلواری

šal
شال

kišobran
چتر

majica
تی شرت

kaiš
کمربند

čizme
پوتین

papuče
دمپایی

patike
کفش ورزشی کتانی

sandale
صندل

cipele
کفش

gumene čizme
چکمه پلاستیکی

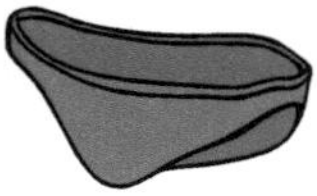

gaćice
شرت

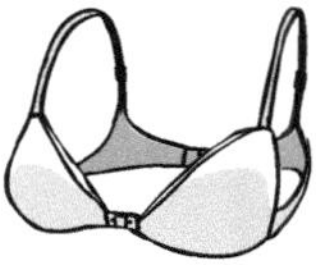

grudnjak
سوتین

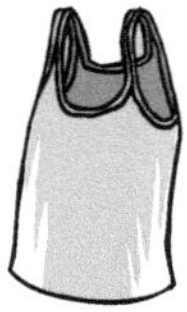

potkošulja
جلیقه

bodi

بادی

pantalone

شلوار

farmerke

جین

suknja

دامن

bluza

بلوز

košulja

پیراهن

džemper

پولیور

džemper s kapuljačom

سویی شرتﭗ

sako

نوعی کت

jakna

ژاکت

kaput

کت بلند

kabanica

بارانی

kostim

لباس نمایش

haljina

لباس

venčanica

لباس عروس

odeća - لباس

odelo

کت و شلوار

spavaćica

لباس خواب زنانه

pidžama

پیژامه

sari

ساری

marama za glavu

روسری

turban

عمامه

burka

برقع

kaftan

قبا

abaja

عبا

kupaći kostim

لباس شنا

kupaće gaćice

شرت شنا

kratke pantalone

شلوارک

odeća za trening

لباس ورزشی

kecelja

پیشبند

rukavice

دستکش

dugme

دکمه

naočare

عینک

narukvica

دستبند

ogrlica

گردنبند

prsten

انگشتر

naušnica

گوشواره

kapa

کلاه لبه دار

vešalica

چوب لباسی

šešir

کلاه

kravata

کراوات

patent zatvarač

زیپ

kaciga

کلاه ایمنی

naramenice

بند شلوار

školska uniforma

لباس مدرسه

uniforma

لباس فرم

odeća - لباس

podbradak

پیش بند بچه

duda

پستانک

pelena

پوشک بچه

kancelarija

اداره

server
سرور
ormar za spise
کمد نگهداری پرونده
štampač
چاپگر
papir
کاغذ
monitor
مانیتور
miš
ماوس
pisaći stol
میز تحریر
mapa
زونکن
tastatura
صفحه کلید
košara za papir
سبد کاغذ باطله
stolica
صندلی
kompjuter
کامپیوتر

šalica za kavu

لیوان قهوه

kalkulator

ماشین حساب

internet

اینترنت

laptop

لپ تاپ

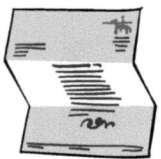

pismo

نامه

poruka

پیغام

mobilni telefon

تلفن همراه

mreža

شبکه ی ارتباطی

uređaj za kopiranje

دستگاه فتوکپی

softver

نرم افزار

telefon

تلفن

utičnica

پریز

faks

دستگاه فاکس

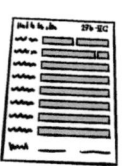

formular

فرم

dokument

مدرک

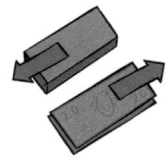

kupovati

خریدن

platiti

پرداخت کردن

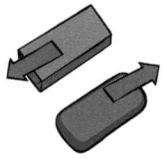

trgovati

تجارت کردن

novac

پول

dolar

دلار

evro

یورو

jen

ین

rublja

روبل

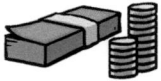

švajcarski franak

فرانک سوئیس

renmindbi juan

یوان رنمینبی

rupija

روپیه

automat za novac

دستگاه خودپرداز

menjačnica

صرافی

zlato

طلا

srebro

نقره

nafta

نفت

energija

انرژی

cena

قیمت

ugovor

قرارداد

porez

مالیات

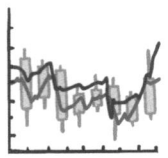

deonica

سهام سرمایه

raditi

کار کردن

službenik

کارمند

poslodavac

کارفرما

fabrika

کارخانه

prodavnica

مغازه

policajac
مامور پلیس
vatrogasac
آتش نشان
kuvar
آشپز
lekar
دکتر
pilot
خلبان

vrtlar
باغبان

stolar
نجار

krojačica
خیاط زنانه

sudija
قاضی

hemičar
شیمیدان

glumac
بازیگر

vozač autobusa

راننده اتوبوس

vozač taksija

راننده تاکسی

ribar

ماهیگیر

čistačica

نظافتچی زن

krovopokrivač

سقف ساز

konobar

پیشخدمت رستوران

lovac

شکارچی

slikar

نقاش

pekar

نانوا

električar

برقکار

građevinski radnik

کارگر ساختمانی

inženjer

مهندس

mesar

قصاب

limar

لوله کش

poštar

پستچی

vojnik

سرباز

arhitekta

معمار

blagajnik

صندوقدار

cvećar

گل فروش

frizer

آرایشگر

kondukter

مامور کنترل بلیط در قطار

mehaničar

مکانیک

kapetan

ناخدا

zubar

دندانپزشک

naučnik

دانشمند

rabi

عالم یهودی

imam

امام

monah

راهب

svećenik

کشیش

alati

ابزارآلات

čekić
چکش
klešta
انبردست
odvijač
پیچ گوشتی
ključ za zavrtnje
آچار
džepna lampa
چراغ قوه

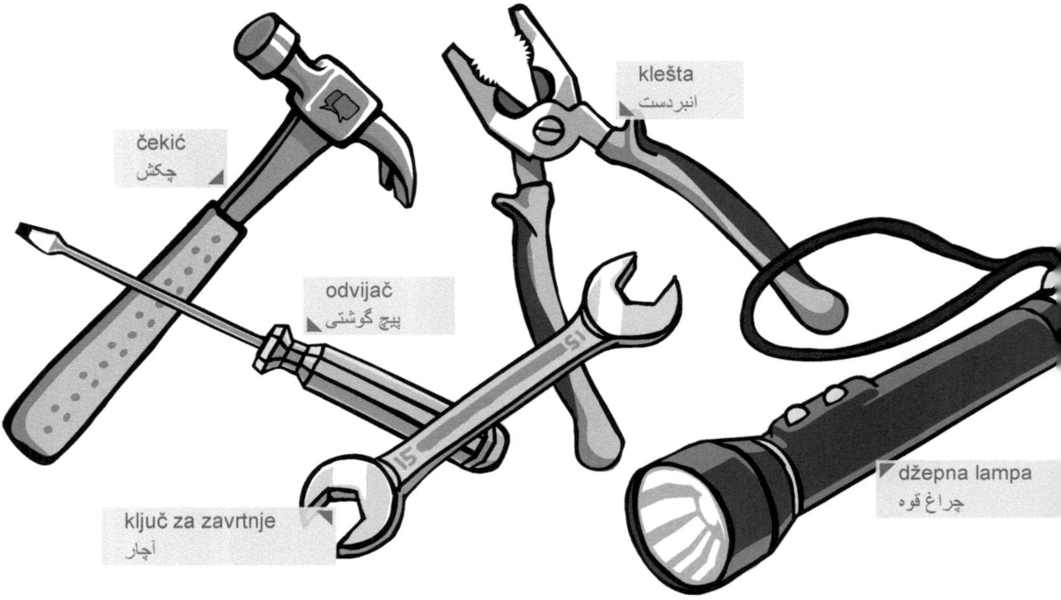

bager

بیل مکانیکی

kutija za alat

جعبه ابزار

merdevine

نردبان

pila

ارّه

ekser

میخ

bušilica

مته

popraviti

تعمیر کردن

lopata

بیل

do đavola!

لعنتی!

lopatica

خاک انداز

lonac za boju

سطل رنگرزی

zavrtanji

پیچ

muzički instrument

آلات موسیقی

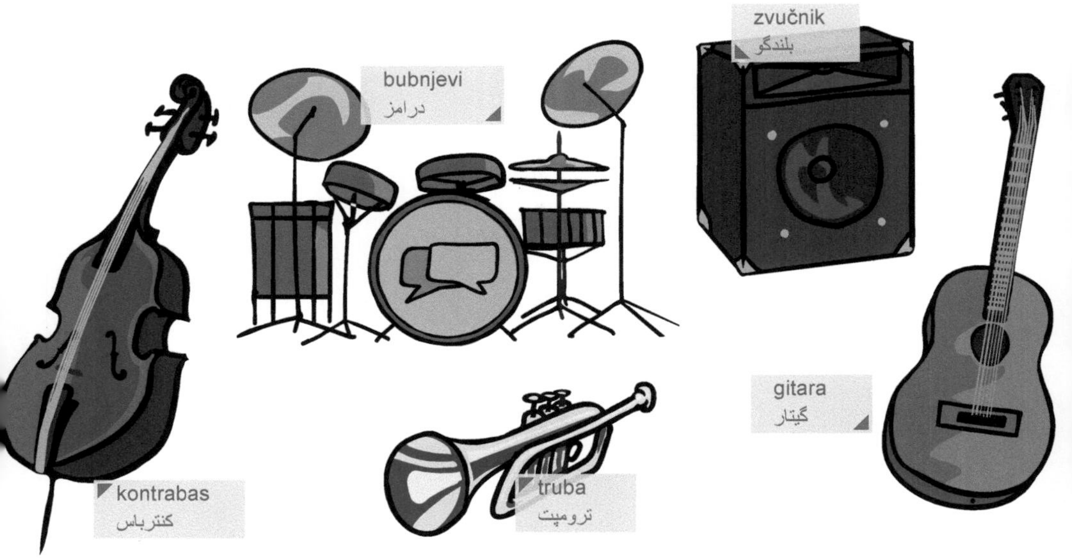

zvučnik
بلندگو

bubnjevi
درامز

kontrabas
کنترباس

truba
ترومپت

gitara
گیتار

klavir

پیانو

violina

ویولن

bas

گیتار بیس

timpani

تیمپانی

udaraljke za bubnjeve

طبل

tipke klavira

کیبورد الکتریک

saksofon

ساکسیفون

flauta

فلوت

mikrofon

میکروفون

zoološki vrt

باغ وحش

ulaz
ورودی
tigar
ببر
kavez
قفس
zebra
گورخر
hrana za životinje
خوراک حیوانات
panda
خرس پاندا

životinje

حیوانات

slon

فیل

kengur

کانگورو

nosorog

کرگدن

gorila

گوریل

medved

خرس

kamila

شتر

noj

شترمرغ

lav

شیر

majmun

میمون

flamingo

فلامینگو

papagaj

طوطی

polarni medved

خرس قطبی

pingvin

پنگوئن

ajkula

کوسه

paun

طاووس

zmija

مار

krokodil

تمساح

čuvar u zoološkom vrtu

نگهبان باغ وحش

tuljan

خوک آبی

jaguar

پلنگ امریکایی

poni

اسب کوچک

leopard

پلنگ

nilski konj

اسب آبی

žirafa

زرافه

orao

عقاب

divlja svinja

گراز

riba

ماهی

kornjača

لاک پشت

morž

شیرماهی

lisica

روباه

gazela

غزال

sport
ورزش ها

američki nogomet
فوتبال آمریکایی
biciklizam
دوچرخه سواری
tenis
تنیس
košarka
بسکتبال
plivanje
شنا
boks
بوکس
hokej na ledu
هاکی روی یخ

fudbal
فوتبال

badminton
بدمینتون

atletika
دوومیدانی

rukomet
هندبال

skijanje
اسکی

polo
پولو

aktivnosti
فعالیت ها

smejati se
خندیدن
skočiti
پریدن
zagrliti
بغل کردن
ići
راه رفتن
pevati
آواز خواندن
sanjati
رؤیا دیدن
moliti se
دعا کردن
poljubiti
بوسیدن

pisati

نوشتن

crtati

رسم کردن

pokazati

نشان دادن

gurati

هل دادن

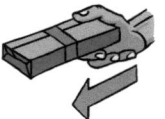

dati

دادن

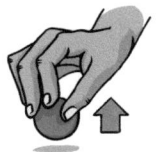

uzeti

برداشتن

imati

داشتن

činiti

انجام دادن

biti

بودن

stojati

ایستادن

trčati

دویدن

povlačiti

کشیدن

baciti

پرتاب کردن

padati

افتادن

ležati

دراز کشیدن

čekati

منتظر بودن

nositi

حمل کردن

sediti

نشستن

oblačiti

لباس پوشیدن

spavati

خوابیدن

probuditi se

بیدار شدن

gledati

تماشا کردن

plakati

گریه کردن

milovati

نوازش کردن

češljati

شانه کردن

govoriti

حرف زدن

razumeti

فهمیدن

pitati

پرسیدن

slušati

شنیدن

piti

آشامیدن

jesti

خوردن

pospremiti

مرتب کردن

voleti

عاشق بودن

kuhati

پختن

voziti

رانندگی کردن

leteti

پرواز کردن

ploviti

قایقرانی کردن

računati

محاسبه کردن

čitati

خواندن

učiti

یاد گرفتن

raditi

کار کردن

venčati se

ازدواج کردن

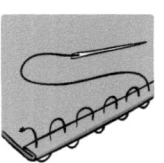

šiti

دوختن

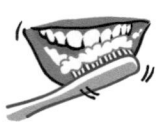

prati zube

مسواک زدن

ubiti

کشتن

pušiti

سیگار کشیدن

poslati

فرستادن

porodica
خانواده

baka
مادربزرگ
deda
پدربزرگ
otac
پدر
majka
مادر
beba
کودک
kćerka
فرزند دختر
sin
فرزند پسر

gost
مهمان

tetka
خاله، عمه

ujak, stric
دایی، عمو

brat
برادر

sestra
خواهر

telo

بدن

čelo
پیشانی
oko
چشم
rame
شانه
prst
انگشت دست
lice
صورت
brada
چانه
ruka
دست
noga
ساق پا
grudi
سینه
ruka
بازو

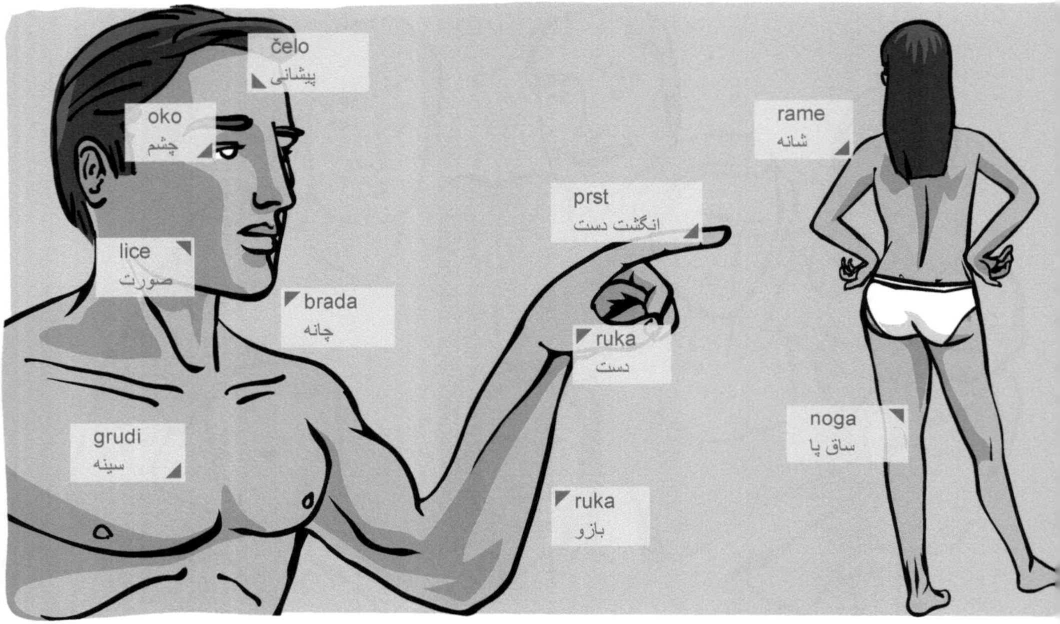

beba
کودک

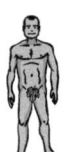

muškarac
مرد

žena
زن

devojčica
دختربچه

dečak
پسربچه

glava
کله

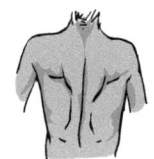

leđa

کمر

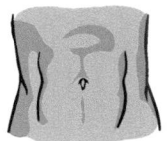

stomak

شکم

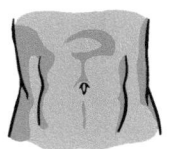

pupak

ناف

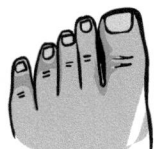

nožni prst

انگشت پا

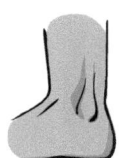

peta

پاشنه

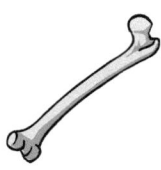

kost

استخوان

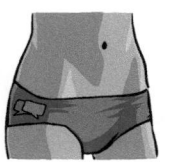

kukovi

لگن

koleno

زانو

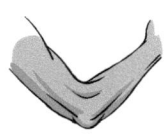

lakat

آرنج

nos

بینی

zadnjica

نشیمنگاه

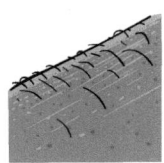

koža

پوست

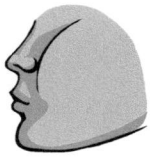

obraz

گونه

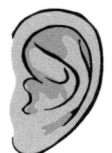

uvo

گوش

usna

لب

usta

دهان

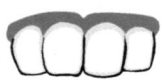

zub

دندان

jezik

زبان

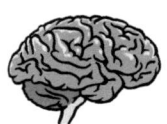

mozak

مغز

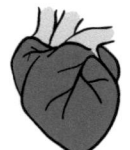

srce

قلب

mišić

عضله

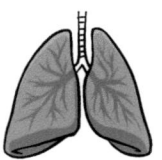

pluća

ریه

jetra

کبد

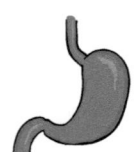

želudac

معده

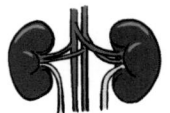

bubrezi

کلیه

polni odnos

آمیزش جنسی

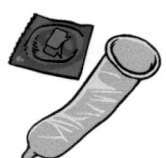

kondom

کاندوم

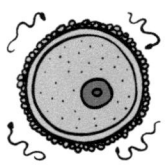

jajna ćelija

تخمک

sperma

اسپرم

trudnoća

حاملگی

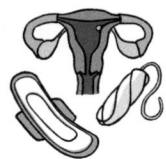

menstruacija

پریود

vagina

واژن

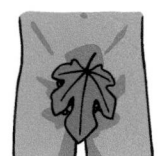

penis

آلت تناسلی مرد

obrva

ابرو

kosa

مو

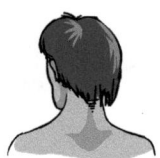

vrat

گردن

bolnica
بیمارستان

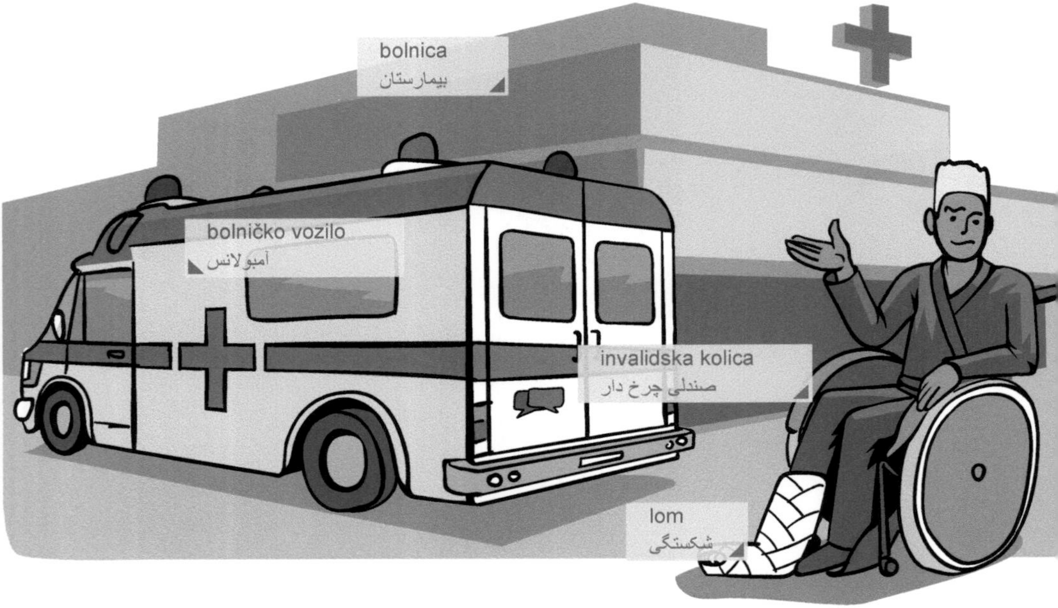

bolnica
بیمارستان
bolničko vozilo
آمبولانس
invalidska kolica
صندلی چرخ دار
lom
شکستگی

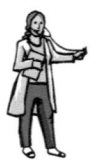

lekar

دکتر

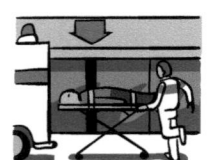

hitna medicinska služba

بخش اورژانس

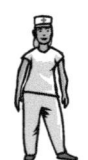

medicinska sestra

پرستار

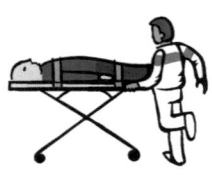

hitni slučaj

موقعیت اضطراری

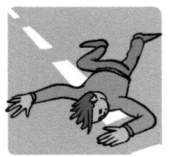

nesvest

بی هوش

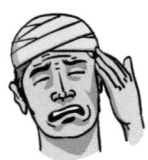

bol

درد

povreda

مصدوميت

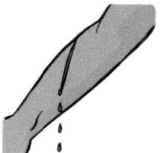

krvarenje

خونريزى

srčani udar

سكته قلبى

udar

سكته مغزى

alergija

آلرژى

kašalj

سرفه

groznica

تب

gripa

آنفولانزا

proliv

اسهال

glavobolja

سردرد

rak

سرطان

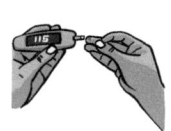

dijabetes

ديابت

hirurg

جراح

skalpel

چاقوى جراحى

operacija

عمل جراحى

ct

سی تی اسکن

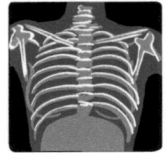

rentgen

پرتونگاری

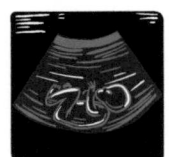

ultrazvuk

سونوگرافی

maska

ماسک صورت

bolest

بیماری

čekaona

اتاق انتظار

štaka

چوب زیر بغل

flaster

چسب زخم

zavoj

پانسمان

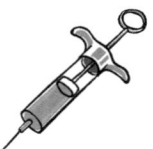

injekcija

تزریق

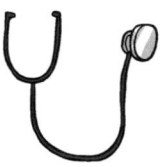

stetoskop

گوشی طبی

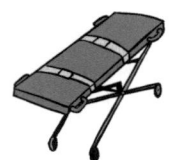

nosila

برانکار

termometar

دماسنج

rođenje

زایش

prekomerna težina

اضافه وزن

slušni aparat

سمعک

sredstvo za dezinfekciju

ماده ضد غفونی کننده

infekcija

عفونت

virus

ویروس

HIV / AIDS

اچ آی وی / ایدز

medicina

دارو

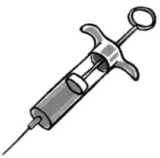

vakcinacija

واکسیناسیون

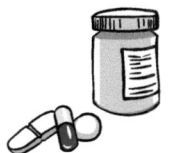

tablete

قرص

pilula

قرص ضد حاملگی

hitni poziv

تماس اظطراری

uređaj za merenje pritiska

دستگاه اندازه گیری فشارخون

bolesno / zdravo

مریض / سالم

hitni slučaj

موقعیت اضطراری

pomoć!

کمک!

alarm

آژیر خطر

nasrtaj

حمله

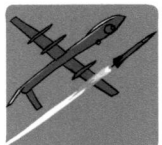

napad

حمله ی فیزیکی

opasnost

خطر

izlaz u slučaju nužde

خروج اظطراری

požar!

آتش

protivpožarni aparat

کپسول آتش‌نشانی

nezgoda

تصادف

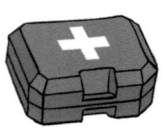

kutija prve pomoći

جعبه کمک های اولیه

sos

درخواست کمک

policija

پلیس

zemlja
کره زمین

Evropa
اروپا

Severna Amerika
آمریکای شمالی

Južna Amerika
آمریکای جنوبی

Afrika
آفریقا

Azija
آسیا

Australija
استرالیا

Atlantik
اقیا نوس اطلس

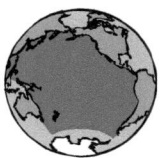

Pacifik
اقیانوس آرام

Indijski okean
اقیانوس هند

Antarktički okean
اقیا نوس اطلس جنوبی

Arktički ocean
اقیانوس منجمد شمالی

Severni pol
قطب شمال

Južni pol

قطب جنوب

Antarktik

قاره قطب جنوب

zemlja

کره زمین

zemlja

سرزمین

more

دریا

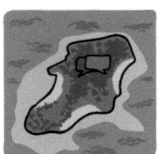

otok

جزیره

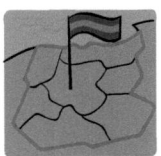

nacija

ملت

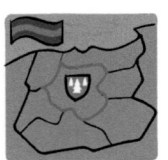

država

کشور

sat
ساعت

brojčanik sata

صفحه ی ساعت

satna kazaljka

ساعت شمار

minutna kazaljka

دقیقه شمار

sekundna kazaljka

ثانیه شمار

Koliko je sati?

ساعت چند است؟

dan

روز

vreme

زمان

sada

اکنون

digitalni sat

ساعت دیجیتال

minuta

دقیقه

čas

ساعت

sedmica

هفته

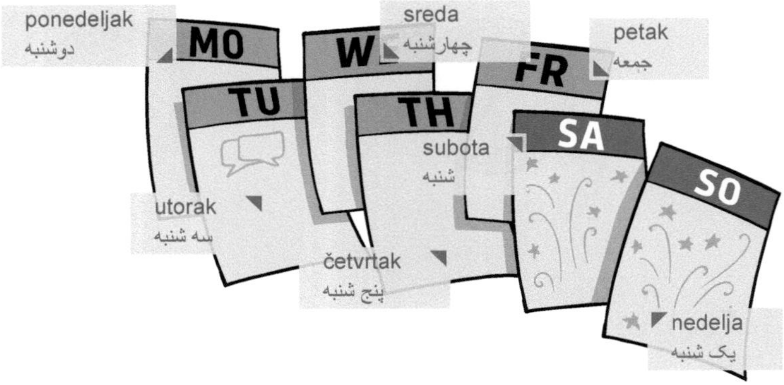

ponedeljak
دوشنبه
utorak
سه شنبه
sreda
چهارشنبه
četvrtak
پنج شنبه
petak
جمعه
subota
شنبه
nedelja
یک شنبه
MO
TU
W
TH
FR
SA
SO

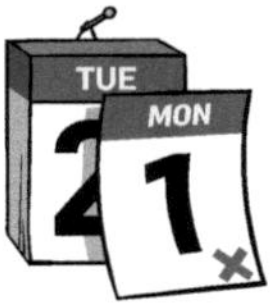

TUE
MON
1

juče

دیروز

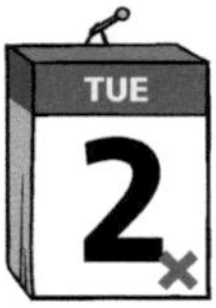

TUE
2

danas

امروز

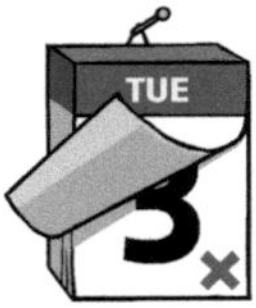

TUE

sutra

فردا

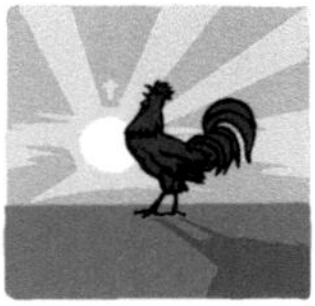

jutro

صبح

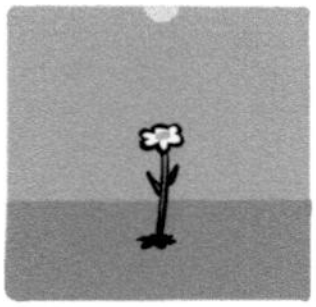

podne

ظهر

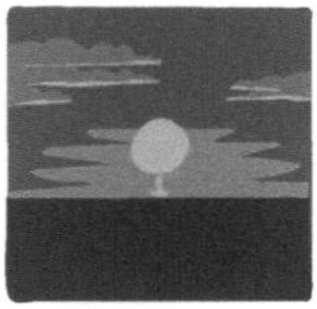

veče

غروب

MO TU WE TH FR SA SU

radni dani

روزهای کاری

MO TU WE TH FR SA SU

vikend

آخر هفته

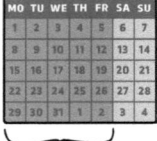

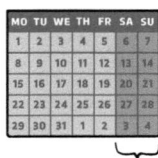

godina

سال

kiša
باران
duga
رنگین کمان
vetar
باد
sneg
برف
proleće
بهار
jesen
پاییز
leto
تابستان
zima
زمستان

4.APRIL 11°
5.APRIL 4°
6.APRIL 13°
7.APRIL 8°
8.APRIL 10°

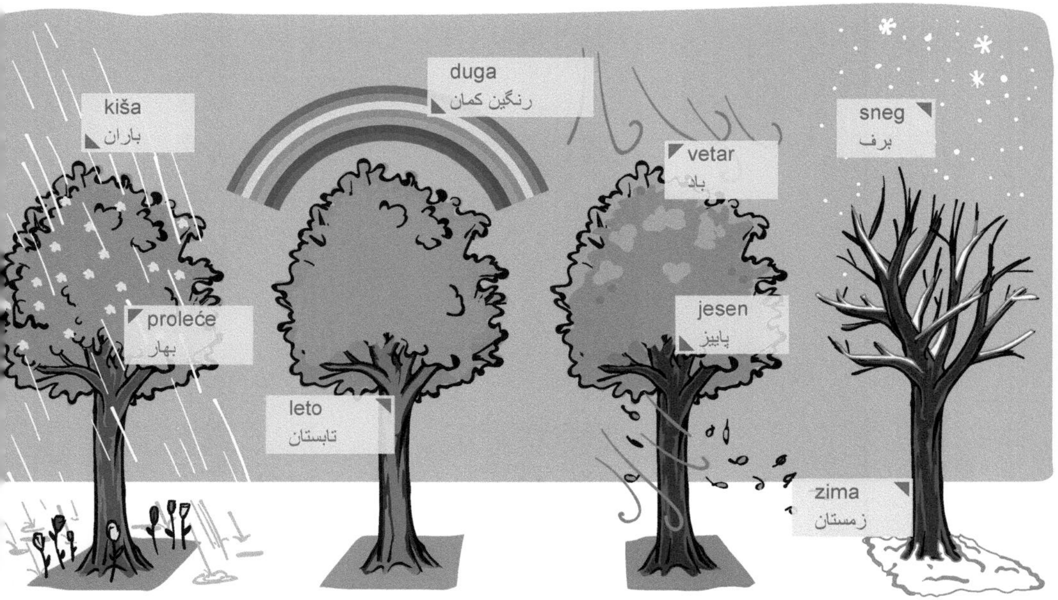

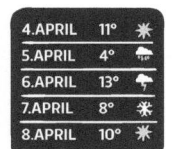

meteorološka prognoza

پیش‌بینی اوضاع جوی

F
C
120
90
60
30
0
-30
40
30
20
10
0
-10
-20

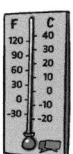

termometar

دماسنج

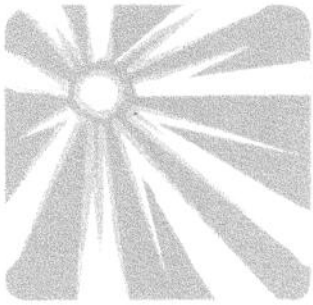

sunčana svetlost

تابش آفتاب

oblak

ابر

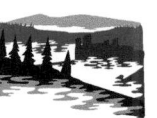

magla

مِه

vlažnost vazduha

رطوبت هوا

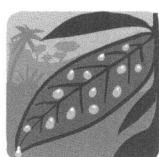

munja

صاعقه

grmljavina

آسمان غره

oluja

طوفان

tuča

تگرگ

monsun

باد موسمی

poplava

سیل

led

یخ

januar

ژانویه

februar

فوریه

mart

مارس

april

آوریل

maj

مه

juni

ژوئن

juli

ژوئیه

avgust

آگوست

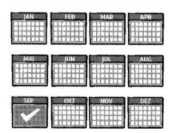

septembar

سپتامبر

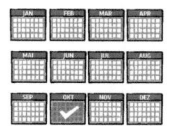

oktobar

أکتبر

novembar

نوامبر

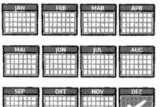

decembar

دسامبر

oblici

آشکال

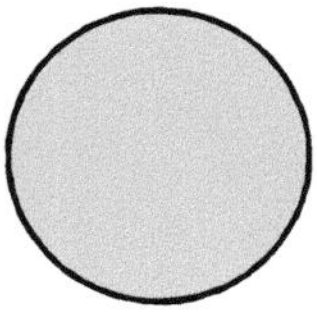

krug

دایره

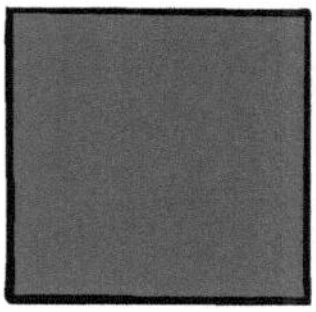

kvadrat

مربع

pravougao

مستطیل

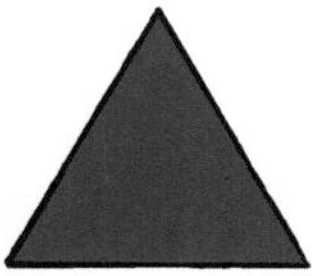

trougao

سه گوش

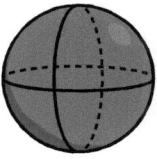

kugla

گره

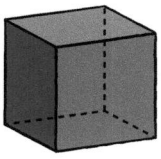

kocka

مکعب مربع

boje

رنگ ها

bela

سفید

žuta

زرد

narandžasta

نارنجی

ružičasta

صورتی

crvena

قرمز

ljubičasta

بنفش

plava

آبی

zelena

سبز

smeđa

قهوه ای

siva

خاکستری

crna

سیاه

suprotnosti

متضاد ها

mnogo / malo

خیلی / کم

ljutito / mirno

خشمگین/ آرام

lepo / ružno

زیبا / زشت

početak / kraj

شروع / پایان

veliko / maleno

بزرگ / کوچک

svetlo / tamno

روشن / تیره

brat / sestra

برادر / خواهر

čisto / prljavo

تمیز / آلوده

potpuno / nepotpuno

کامل / ناقص

dan / noć

روز / شب

mrtvo / živo

مرده / زنده

široko / usko

پهن / باریک

jestivo / nejestivo

قابل خوردن / غیر قابل خوردن

zlo / dobro

غضبناک / مهربان

uzbuđeno / dosadno

هیجان زده / بی حوصله

debelo / mršavo

چاق / لاغر

na početku / na kraju

اولین / آخرین

prijatelj / neprijatelj

دوست / دشمن

puno / prazno

پر / خالی

tvrdo / mekano

سفت / نرم

teško / lagano

سنگین / سبک

glad / žeđ

گرسنگی / تشنگی

bolesno / zdravo

مریض / سالم

ilegalno / legalno

غیرقانونی / قانونی

pametno / glupo

باهوش / خنگ

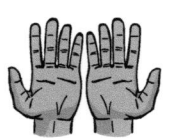

levo / desno

چپ / راست

blizu / daleko

نزدیک / دور

suprotnosti - متضاد ها

novo / polovno

نو / استفاده شده

ništa / nešto

هیچ چیز / چیزی

staro / mlado

پیر / جوان

uključeno / isključeno

روشن / خاموش

otvoreno / zatvoreno

باز / بسته

tiho / glasno

آهسته / بلند

bogato / siromašno

ثروتمند / فقیر

tačno / pogrešno

درست / غلط

hrapavo / glatko

زبر / صاف

tužno / sretno

غمگین / خوشحال

kratko / dugo

کوتاه / بلند

polako / brzo

کند / تند

mokro / suho

تر / خشک

toplo / hladno

گرم / خنک

rat / mir

جنگ / صلح

brojevi

اعداد

0	1	2
nula	jedan	dva
صفر	یک	دو
3	4	5
tri	četiri	pet
سه	چهار	پنج
6	7	8
šest	sedam	osam
شش	هفت	هشت
9	10	11
devet	deset	jedanaest
نه	دَه	یازده

12

dvanaest

دوازده

13

trinaest

سیزده

14

četrnaest

چهارده

15

petnaest

پانزده

16

šestnaest

شانزده

17

sedamnaest

هفده

18

osamnaest

هجده

19

devetnaest

نوزده

20

dvadeset

بیست

100

stotinu

صد

1.000

hiljadu

هزار

1.000.000

milion

میلیون

jezici
زبان ها

engleski

انگلیسی

američki engleski

انگلیسی آمریکایی

mandarinski kineski

چینی ماندارین

hindski

هندی

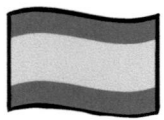

španski

اسپانیایی

francuski

فرانسوی

arapski

عربی

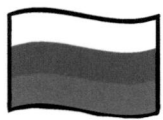

ruski

روسی

portugalski

پرتغالی

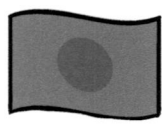

bengalski

بنگالی

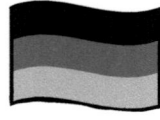

nemački

آلمانی

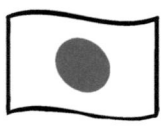

japanski

ژاپنی

ko / šta / kako

چه کسی / چه چیزی / چگونه

ja

من

ti

تو

on / ona / ono

او

mi

ما

vi

شما

oni

آنها

Ko?

چه کسی؟ کی؟

Šta?

چی؟

Kako?

چگونه؟

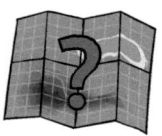

Gde?

کجا؟

Kada?

کِی؟

ime

نام

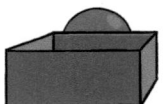

gde

کجا

iza

پشت

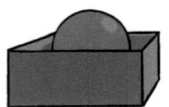

u

توی

ispred

جلو

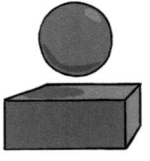

preko

بالای

na

روی

ispod

زیر

pored

مجاور

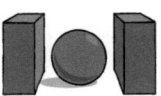

između

بین

mesto

مکان